Marmeladen und Gelees

Früchtchen auf Vorrat

> Autorin: Cornelia Schinharl | Fotos: Kai Mewes

Inhalt

Die Theorie

Die Rezepte

Extra

Frisch, fruchtig und superlecker

Ist es möglich – ein Frühstückstisch ohne Konfitüre? Wohl kaum, auch wenn es meist gekaufte ist. Das wird sich aber ab jetzt sicher ändern. Es ist nämlich ganz einfach, Konfitüren, Marmeladen und Gelees aus frischen vollreifen Früchten der Saison selber zu machen. Aber nicht nur das! Selbst gekocht oder schnell kalt gerührt schmeckt alles einfach fruchtiger. Und ganz nebenbei entstehen tolle Geschenke zum Aufessen.

Worauf es ankommt

1 | Feine Unterschiede

Alles Marmelade? Keineswegs! Genau genommen dürfen nur Fruchtaufstriche aus Zitrusfrüchten Marmelade heißen. Marmelade soll nur aus ungewachsten Zitrusfrüchten – meist Orangen, Zitronen und Grapefruits – hergestellt werden und muss mindestens 20 Prozent Fruchtanteil enthalten. Konfitüre »Einfach« hat einen Fruchtgehalt von mindestens 35 Prozent, Konfitüre »Extra« hingegen mindestens 45 Prozent. Und Fruchtgelee wird immer aus frischem Fruchtsaft gemacht.

1 *Zur Vorbereitung das Obst waschen, putzen, schälen oder verlesen.*

2 | Die Früchte

Sie sollen reif sein, aber auf gar keinen Fall überreif. Alle faulen Stellen vorher großzügig abschneiden, und die Früchte waschen. Empfindliche Früchte wie Himbeeren besser nicht waschen, sondern einfach genau anschauen und sämtliche unansehnlichen und welken Früchte sofort aussortieren.
Nur Äpfel und Stachelbeeren können Sie auch verwenden, wenn sie nicht ganz reif sind. Sie enthalten dann sogar noch mehr Pektin und gelieren wesentlich besser. Beide schmecken unreif verarbeitet besonders gut.

3 | Die Gläser

Ob ursprünglich Oliven in den Gläsern waren oder Essiggurken, spielt keine große Rolle. Grundsätzlich können Sie für Konfitüren und Gelees alle Gläser mit Schraubverschluss verwenden, vorausgesetzt, sie sind sauber und die Deckel noch intakt. Wenn Sie genügend Gläser sammeln, ist der Kauf von extra Einmachgläsern

2 *Gläser und Deckel vor dem Füllen ausspülen und abtropfen lassen.*

unnötig. Möchten Sie jedoch die Konfitüren später verschenken, sollten Sie vielleicht doch in einem Fachgeschäft nach attraktiven Gläsern Ausschau halten.
Wichtig: Bevor Sie die Gläser füllen, das Spülbecken mit heißem Wasser voll laufen lassen und die Gläser samt Deckel hineinlegen. Kurz bevor die Konfitüre eingefüllt wird, sollten die Gläser umgedreht auf einem Küchentuch einige Minuten abtropfen.

➤ **Tipp:** Kleine Gläser sind besser als große, damit die Marmelade nach dem Anbrechen nicht so lange im Kühlschrank steht. Frisch aufgemacht schmeckt sie besser und außerdem vermeiden Sie, dass sich Schimmel bildet, weil sie rasch gegessen wird.

Obst ABC

Beeren: Sie zeigen den Sommer an und gehören zu den aromatischsten Früchten. Allen gemeinsam ist: Sie sind ziemlich empfindlich. Waschen Sie die Früchte nur vorsichtig oder gar nicht. Vor allem aber sollten sie rasch verbraucht werden, da sie leicht verderben. Das meiste Pektin enthalten Stachelbeeren, besonders wenn sie noch nicht ganz reif sind. Sie brauchen weniger (Gelier-) Zucker zum Einkochen als andere Beeren. Eine Besonderheit: Holunderbeeren dürfen Sie auch ganz reif nicht roh essen, weil sie einen Stoff enthalten, der zu Erbrechen und Durchfall führen kann.

Steinobst: Aprikosen, Kirschen, Pfirsiche sowie Zwetschgen und ein paar nahe Verwandte gehören dazu. Aprikosen sind leider nicht immer aromatisch. Abhilfe schafft ein kleiner Trick: ein paar eingeweichte Trockenfrüchte mitkochen, das verstärkt das Aroma. Bei Kirschen sollten Sie zum Einkochen Sauerkirschen bevorzugen, gekocht sind diese aromatischer als die süßen. Alle genannten Früchte haben keinen besonders hohen Pektingehalt, brauchen also die übliche Menge an (Gelier-) Zucker.

Kernobst: Nur drei Arten – nämlich Äpfel, Birnen und Quitten – gehören dazu, die aber in unzähligen Sorten. Äpfel liegen hinsichtlich des Pektingehalts an der Spitze. Aus ihnen wird auch das Apfelpektin gewonnen, das Sie im Reformhaus kaufen können und das den meisten Geliermitteln zugesetzt wird. Quitten sind so hart, dass sie roh ungenießbar sind. Daher macht das Putzen auch etwas Mühe. Vorher immer mit einem Tuch den pelzigen Belag abreiben.

Exoten: Zitrusfrüchte gehören dazu, aber auch Feigen, Ananas, Mangos, Granatäpfel, Datteln und Kiwis. Da sie oft eine weite Reise zurücklegen müssen, werden sie häufig unreif gepflückt und sind daher nicht sehr aromatisch. Verlassen Sie sich beim Einkauf hauptsächlich auf Ihre Nase. Ananas, Melonen und Co. duften nämlich nur gut, wenn sie reif sind und Aroma haben. Exoten sollten Sie übrigens vor dem Schälen waschen, damit unerwünschte Stoffe auf der Schale nicht zuerst an die Finger gelangen und schließlich auf die geschälten Früchte.

Konfitüre kochen

So gelingt's

Das Kochen von Konfitüren und Marmeladen ist ganz einfach, vorausgesetzt, Sie halten sich an ein paar Spielregeln. Und die erfahren Sie hier, damit ab jetzt alles glatt geht mit dem Einkochen der süßen Früchtchen aus dem eigenen Garten, von Ihrem Bauern aus der Nähe oder vom Markt.

Konfitüre

FÜR CA. 2 KG KONFITÜRE

- **1 kg Früchte (geputzt gewogen)**

1 kg Gelierzucker (1:1) oder
500 g Gelierzucker (1:2) oder gut
300 g Gelierzucker extra (1:3)

Zitronensaft (je nach Säuregehalt der Früchte)

TIPP

Das Glas drehen

Ist die Konfitüre erst im Glas, braucht sie einige Zeit, bis sie fest wird. Sind Fruchtstücke enthalten, steigen diese in der flüssigen Konfitüre automatisch nach oben. Damit sie sich gleichmäßig verteilen, sollten Sie das Glas hin und wieder umdrehen, bis sie kalt und fest ist.

1 *Die Früchte waschen oder schälen und zerkleinern. Im Topf mit (Gelier-)Zucker gut verrühren und ein paar Stunden oder über Nacht stehen lassen, bis sich Saft gebildet hat.*

2 *Alles zum Kochen bringen. Etwa 4 Min. kochen lassen, dabei häufig umrühren. Eventuell die Hitze verringern, wenn die Masse im Topf zu hoch steigt.*

3 *Die Gelierprobe machen: Einen Teelöffel Konfitüre auf einen kühlen Teller geben. Wenn sie schnell fest wird, ist sie fertig. Heiß in saubere Gläser füllen und sofort verschließen.*

Einmachhilfen

Zucker: Im Grunde reicht ganz normaler Zucker, um Konfitüren und Gelees zu kochen. Allerdings müssen die Früchte dann länger kochen, wodurch oft der Fruchtgeschmack und natürlich auch der Vitamingehalt etwas verloren gehen.

Gelierzucker: Damit die Früchte nicht so lang kochen müssen, gibt es Gelierzucker, der mit einem Geliermittel angereichert ist, so dass eine kürzere Garzeit ausreicht. Außer dem Gelierzucker im Verhältnis 1:1 gibt es auch solche im Verhältnis 1:2 oder sogar 1:3. Letzteren werden meist Konservierungsmittel zugesetzt.

Pflanzliche Bindemittel: Bindemittel aus Johannisbrotkernmehl oder Agar-Agar eignen sich auch zum Eindicken. Lesen Sie immer auf der Packung nach, wie viel Sie brauchen. Von Agar-Agar benötigen Sie pro 500 g Früchte 1 TL; es muss 2 Min. mitkochen. Die Gelierprobe entfällt, weil die Konfitüre erst kalt fest wird.

Apfelpektin: Reines Apfelpektin gibt es im Reformhaus und das können Sie als Geliermittel einsetzen, wenn Sie die Früchte mit weniger Zucker oder mit Sirup kochen möchten. Die Mengen, die Sie dann brauchen, stehen jeweils auf den Packungen. Als Faustregel gilt: 4–6 TL auf 1 kg Früchte.

Geliermittel: Im Reformhandel sind verschiedene Geliermittel erhältlich, die meist unter Zusatz von Apfelpektin hergestellt werden. Diese können Sie mit Früchten und Süßungsmitteln kochen. Flüssige Geliermittel aus Supermärkten sind häufig geschwefelt und haben einen Beigeschmack.

Einmachzucker für Diabetiker: Diabetiker finden im Handel einen speziellen Einkochzucker, der zum Kochen von Konfitüren und Gelees geeignet ist und wie Gelierzucker verwendet werden kann.

Gelee kochen

Saft muss sein

Wer feines Gelee kochen will, braucht zunächst einmal jede Menge Saft. Und den können Sie entweder fertig kaufen – natürlich immer in sehr guter Qualität und ungesüßt – oder aber aus frischen Früchten selber machen. Wie das geht, erfahren Sie hier.

Gelee

FÜR CA. 2 L GELEE

- **1 kg Früchte**

1 kg Gelierzucker (1:1) oder 500 g Gelierzucker (1:2) oder gut 300 g Gelierzucker extra (1:3)

Zitronensaft (je nach Säuregehalt der Früchte)

TIPP: Mit Einfülltrichter

Beim Einfüllen von Konfitüren und Gelees kleckert so gut wie immer etwas daneben – außer Sie besorgen sich einen praktischen Einfülltrichter mit weiter Öffnung. Wenn etwas danebengegangen ist, das Glas auf jeden Fall immer gut abwischen.

1 *Früchte waschen, eventuell zerkleinern. Je nach Saftgehalt (Beeren haben mehr als z. B. Äpfel) mit 1/4–1/2 l Wasser pro kg aufkochen.*

2 *Bei mittlerer Hitze so lange kochen, bis sich reichlich Saft gebildet hat. Ein Sieb mit einem Tuch auslegen, über eine Schüssel hängen und die Früchte darin über Nacht abtropfen lassen.*

3 *Oder die Früchte abkühlen lassen. Dann das Tuch zusammendrehen, um so noch mehr Saft auszupressen. Das hat den Nachteil, dass das Gelee etwas trüber wird.*

4 *Den Saft eventuell mit Wasser auf 1 l auffüllen, mit dem (Gelier-)Zucker mischen und 4 Min. kochen lassen.*

Pannenhilfe

Gegen trübes Gelee

➤ Gelee wird trüb, wenn Sie naturtrüben Saft verwenden oder die Früchte zu stark auspressen. Wer das vermeiden will, muss die Geduld aufbringen, die Früchte wirklich über Nacht abtropfen zu lassen und dann nur leicht auszupressen.

Wenn's nicht fest wird

➤ Konfitüren aus Früchten mit wenig natürlichem Pektingehalt, z. B. Melonen, brauchen etwas länger, um fest zu werden. Außerdem dauert das Festwerden im Glas ohnehin mehrere Stunden. Ist die Konfitüre im Glas allerdings auch nach einigen Tagen noch flüssig, hilft nur eins: wieder in den Topf damit, etwas Gelierzucker dazu und noch einmal kochen lassen.

Wenn's zu fest wird

➤ Viel können Sie nicht mehr machen, streichen lässt sich die Konfitüre trotzdem noch. Einzige Möglichkeit: die Konfitüre, die Sie sofort essen möchten, in einem Schälchen mit etwas Saft verrühren und verdünnt auf den Frühstückstisch stellen.

Einfüllen

➤ Egal, ob Konfitüre oder Gelee, eingefüllt wird beides immer kochend heiß. Dann die Gläser sofort verschließen und kurz auf den Kopf stellen. Dadurch bildet sich ein Vakuum in den Gläsern. Und so verteilen sich enthaltene Fruchtstückchen schön gleichmäßig.

Lagern

➤ Alle Gläser sollten Sie für den besseren Überblick beschriften: Inhalt und Einfülldatum draufschreiben. Nach dem Abkühlen die Gläser zum Aufbewahren in den kühlen und dunklen Keller stellen. Die meisten Konfitüren halten sich ein Jahr. Abweichende Haltbarkeitshinweise finden Sie bei den Rezepten.

Schimmel

➤ Wurde die Konfitüre, auf der sich Schimmel gebildet hat, mit viel Zucker gemacht oder mit Gelierzucker und Konservierungsmitteln, können Sie die obere Schicht großzügig abheben und den Rest rasch verbrauchen. Wenn die Konfitüre wenig Zucker enthält, muss der ganze Glasinhalt in den Abfall – der Gesundheit zuliebe.

Einfach beerig

Beeren leuchten, verlocken, schmecken einfach gut. Und das nicht nur frisch und roh, sondern auch als Gelee oder Konfitüre. Nutzen Sie die Sommermonate und bewahren sich den verführerischen Geschmack und die einladende Farbe auch für die kalten Wintermonate auf.

Blitzrezepte

Konfitüre aus TK-Beeren

FÜR 2 GLÄSER (JE ETWA 300 ML INHALT)

➤ **1 Paket TK-Beeren (gemischt; 300 g)**
1/8 l trockener Rotwein | 215 g Gelierzucker (2 Teile Frucht, 1 Teil Zucker)
1 EL Zitronensaft

1 | Die Beeren mit Rotwein in einem Topf bei mittlerer Hitze auftauen lassen.

2 | Gelierzucker und Zitronensaft untermischen, alles bei mittlerer Hitze offen 4 Min. kochen lassen.

3 | Die Gelierprobe machen. Die Konfitüre in heiß ausgespülte Gläser mit Twist-Off-Deckeln füllen und sofort verschließen. Kühl aufbewahrt hält sie sich 1 Jahr.

Rohe Himbeerkonfitüre

FÜR 2 GLÄSER (JE ETWA 200 ML INHALT)

➤ **200 g frische aromatische Himbeeren**
200 g Gelierzucker (1:1) | 2–3 Zweige Zitronenmelisse

1 | Die Himbeeren nicht waschen, sondern nur verlesen. Mit Gelierzucker 15 Min. durchmixen, bis die Masse fester wird.

2 | Inzwischen die Melisse waschen und trockenschwenken und die Blättchen grob hacken. Zur Konfitüre geben und noch kurz weitermixen.

3 | Die Konfitüre in heiß ausgespülte Gläser mit Twist-Off-Deckeln füllen und sofort verschließen. Im Kühlschrank höchstens 2–4 Wochen aufbewahren.

Gelingt leicht | Preiswert

Erdbeerkonfitüre

FÜR 6 GLÄSER
(JE ETWA 1/4 L INHALT)

- **1 kg Erdbeeren**
- **500 g Gelierzucker (2 Teile Frucht, 1 Teil Zucker)**
- **2 EL Zitronensaft**
- **2 EL Orangenlikör (z. B. Grand Marnier)**

Vorbereitung: 10 Min.
Ruhen: 2 Std.
Zubereitung: 15 Min.
Haltbarkeit: 1 Jahr
➤ Pro Glas etwa: 395 kcal

1 | Die Erdbeeren vorsichtig waschen und mit Küchenpapier trockentupfen. Die Kelchblätter herauszupfen oder -schneiden und die Beeren in sehr kleine Stücke schneiden.

2 | Die Früchte in einem Topf mit dem Gelierzucker mischen und 2 Std. lang Saft ziehen lassen. Dabei immer mal wieder durchrühren. Danach die Früchte mit dem Kartoffelstampfer etwas zerdrücken.

3 | Die Masse mit Zitronensaft und Likör mischen und unter Rühren bei starker Hitze zum Kochen bringen. Die Konfitüre bei mittlerer Hitze unter Rühren 4 Min. kochen lassen, bis sie geliert.

4 | Die Gelierprobe machen. Die Konfitüre in heiß ausgespülte Gläser mit Twist-Off-Deckeln füllen und verschließen. Kühl aufbewahren.

Schön säuerlich | Aromatisch

Erdbeer-Rhabarber-Konfitüre

FÜR 6 GLÄSER
(JE ETWA 1/4 L INHALT)

- **700 g Erdbeeren** 1.050 g
- **300 g Rhabarber** 450 g
- **500 g Gelierzucker (2 Teile Frucht, 1 Teil Zucker)**

Vorbereitung: 20 Min.
Ruhen: 2 Std.
Zubereitung: 15 Min.
Haltbarkeit: 1 Jahr
➤ Pro Glas etwa: 375 kcal

1 | Die Erdbeeren vorsichtig waschen und mit Küchenpapier trockentupfen. Die Kelchblätter herauszupfen oder -schneiden und die Beeren in kleine Stücke schneiden. Den Rhabarber waschen, die Enden abschneiden. Wenn sich Fäden lösen, diese gleich mit abziehen. Die Rhabarberstangen in dünne Scheiben schneiden.

2 | Die Früchte in einem Topf gut mit dem Gelierzucker mischen und 2 Std. lang Saft ziehen lassen. Dabei immer mal wieder durchrühren. Danach die Früchte mit dem Kartoffelstampfer etwas zerdrücken.

3 | Die Masse unter Rühren bei starker Hitze zum Kochen bringen. Die Konfitüre bei mittlerer Hitze unter Rühren 4 Min. kochen lassen, bis sie geliert.

4 | Die Gelierprobe machen. Die Konfitüre in heiß ausgespülte Gläser mit Twist-Off-Deckeln füllen und verschließen. Kühl aufbewahren.

im Bild oben: **Erdbeerkonfitüre** *im Bild unten:* **Rhabarber-Erdbeer-Konfitüre** ➤

Zum Verschenken | Vitaminreich

Johannisbeergelee mit Cassis

FÜR 6 GLÄSER (JE ETWA 1/4 L INHALT):

- **1 kg Johannisbeeren (am besten schwarz, rot und weiß gemischt)**
- **100 ml Cassis (Likör aus schwarzen Johannisbeeren)**
- **450 g Gelierzucker (2 Teile Frucht, 1 Teil Zucker)**

Vorbereitung: 5 Min.
Zubereitung: 20 Min.
Haltbarkeit: 1 Jahr
Pro Glas etwa: 400 kcal

1 | Die Johannisbeeren waschen, mit den Rispen in einen Topf füllen und 300 ml Wasser angießen.

2 | Das Wasser zum Kochen bringen, die Beeren zugedeckt 5 Min. kochen lassen. Ein Sieb mit einem frischen Tuch auslegen und über eine Schüssel hängen. Die Beeren hineingießen und den Saft abtropfen lassen. Das Tuch zusammendrehen und kräftig ausdrücken, bis kein Saft mehr austritt.

3 | Den Saft mit Cassis mischen, mit Wasser auf 1 l auffüllen und wieder in den Topf gießen. Den Gelierzucker untermischen. Alles unter Rühren bei starker Hitze zum Kochen bringen. Die Masse unter Rühren 4 Min. kochen lassen, bis sie geliert.

4 | Die Gelierprobe machen. Das Johannisbeergelee in heiß ausgespülte Gläser mit Twist-Off-Deckeln füllen und sofort verschließen. Kühl aufbewahren.

Vitamin-C-reich | Macht was her

Holundergelee mit Krokant

FÜR 6 GLÄSER (JE ETWA 1/4 L INHALT):

- **1 kg reife Holunderbeeren**
- **100 g gehäutete Mandeln**
- **50 g Zucker**
- **500 g Gelierzucker (2 Teile Frucht, 1 Teil Zucker)**
- **2 EL Zitronensaft**

Vorbereitung: 5 Min.
Zubereitung: 20 Min.
Haltbarkeit: 1 Jahr
Pro Glas etwa: 555 kcal

1 | Die Holunderbeeren waschen, mit 300 ml Wasser zum Kochen bringen, die Beeren zugedeckt 5 Min. kochen, dann etwas abkühlen lassen. Ein Sieb mit einem frischen Tuch auslegen und über eine Schüssel hängen. Die Beeren hineingießen und den Saft abtropfen lassen. Das Tuch zusammendrehen, bis kein Saft mehr austritt.

2 | Die Mandeln fein hacken. Den Zucker in einem Topf bei mittlerer Hitze schmelzen lassen, bis er flüssig und leicht gebräunt ist. Die Mandeln untermischen und goldbraun werden lassen. Auf einem Teller beiseite legen.

3 | Holundersaft mit Wasser auf 1 l auffüllen und wieder in den Topf gießen. Gelierzucker und Zitronensaft untermischen. Alles unter Rühren bei starker Hitze zum Kochen bringen. Das Gelee unter Rühren 4 Min. kochen lassen, Mandeln unterziehen.

4 | Die Gelierprobe machen. Das Gelee in heiß ausgespülte Gläser mit Twist-Off-Deckeln füllen, sofort verschließen. Kühl aufbewahren.

im Bild oben: **Holundergelee mit Krokant** *im Bild unten:* **Johannisbeergelee mit Cassis**

Zum Verschenken | Macht was her

Stachelbeer-Holunder-Konfitüre

FÜR 6 GLÄSER
(JE ETWA 1/4 L INHALT)

- **1 kg Stachelbeeren**
- **1 EL Zitronensaft (nur wenn die Beeren sehr süß sind)**
- **1/2 l Holunderblütensirup**
- **ca. 150 g Zucker (je nachdem, wie sauer oder süß die Beeren sind)**
- **2 TL Apfelpektin (aus dem Reformhaus)**

Vorbereitung: 25 Min.
Zubereitung: 20 Min.
Haltbarkeit: 6 Monate
Pro Glas etwa: 230 kcal

1 | Die Stachelbeeren vorsichtig waschen, dann die Blüten- und Stielansätze abknipsen. Eventuell den Zitronensaft mit Stachelbeeren und Holunderblütensirup, Zucker und Pektin in einem Topf bei mittlerer Hitze zum Kochen bringen.

2 | Die Beeren zugedeckt bei mittlerer Hitze 15 Min. kochen lassen, bis sie schön weich sind. Mit einem Holzlöffel durchrühren, damit sie etwas zerfallen.

3 | Die Gelierprobe machen. Die Stachelbeerkonfitüre in heiß ausgespülte Gläser mit Twist-Off-Deckeln füllen und sofort verschließen.

Für Gourmets | Macht was her

Brombeerkonfitüre mit Rosmarin

FÜR 6 GLÄSER
(JE ETWA 1/4 L INHALT)

- **1 kg Brombeeren**
- **500 g Gelierzucker (2 Teile Frucht, 1 Teil Zucker)**
- **1 unbehandelte Zitrone (ersatzweise Orange)**
- **2 Zweige frischer Rosmarin**

Vorbereitung: 15 Min.
Ruhen: 2 Std.
Zubereitung: 15 Min.
Haltbarkeit: 1 Jahr
Pro Glas etwa: 410 kcal

1 | Die Brombeeren vorsichtig waschen und mit Küchenpapier trockentupfen. Die Früchte in einem Topf mit dem Gelierzucker mischen und 2 Std. lang Saft ziehen lassen. Dabei immer mal wieder durchrühren.

2 | Die Brombeeren mit dem Kartoffelstampfer etwas zerdrücken. Die Zitrone heiß waschen und abtrocknen. Die Schale fein abreiben, den Saft auspressen. Den Rosmarin waschen, trockenschwenken und die Nadeln grob hacken. Mit dem Zitronensaft und der -schale zu den Brombeeren geben.

3 | Die Masse unter Rühren bei starker Hitze zum Kochen bringen. Die Konfitüre bei mittlerer Hitze unter Rühren 4 Min. kochen lassen, bis sie geliert.

4 | Die Gelierprobe machen. Die Konfitüre in heiß ausgespülte Gläser mit Twist-Off-Deckeln füllen und sofort verschließen. Die Konfitüre kühl aufbewahren.

im Bild oben: Brombeerkonfitüre mit Rosmarin *im Bild unten:* Stachelbeer-Holunder-Konfitüre ➤

Für Festtage | Gelingt leicht

Heidelbeerkonfitüre

FÜR 6 GLÄSER
(JE ETWA 1/4 L INHALT)

- **750 g Heidelbeeren**
- **700 g Zucker**
- **1 Rispe frischer grüner Pfeffer (Asienladen)**
- **1 unbehandelte Zitrone**
- **1/4 l Cidre (ersatzweise Apfelsaft)**

Vorbereitung: 5 Min.
Ruhen: 2 Std.
Zubereitung: 30 Min.
Haltbarkeit: 1 Jahr
Pro Glas etwa: 540 kcal

1 | Die Heidelbeeren vorsichtig waschen und verlesen. Die Beeren mit Zucker in einem Topf mischen und 1–2 Std. Saft ziehen lassen. Dabei immer mal wieder durchrühren.

2 | Die Pfefferkörner waschen, vom Stiel streifen und mit einem Messer grob hacken. Die Zitrone heiß waschen und abtrocknen. Die Schale fein abreiben, den Saft auspressen.

3 | Den Pfeffer mit Zitronensaft und -schale und Cidre zu den Heidelbeeren geben und bei starker Hitze zum Kochen bringen. Alles bei mittlerer Hitze 10–15 Min. unter gelegentlichem Umrühren kochen, bis die Masse dickflüssiger wird.

4 | Die Gelierprobe machen. Die Konfitüre in heiß ausgespülte Gläser mit Twist-Off-Deckeln füllen und sofort verschließen.

Macht was her

Preiselbeerkonfitüre

FÜR 6 GLÄSER
(JE ETWA 1/4 L INHALT)

- **750 g Preiselbeeren**
- **500 g Zucker**
- **250 g aromatische Birnen**
- **1 Prise Nelken, gemahlen**
- **1 EL Birnengeist (nach Belieben)**

Vorbereitung: 20 Min.
Ruhen: 2 Std.
Zubereitung: 15 Min.
Haltbarkeit: 6 Monate
Pro Glas etwa: 400 kcal

1 | Kaltes Wasser ins Waschbecken laufen lassen. Die Preiselbeeren darin durchschwenken. Nur die Beeren, die an der Oberfläche schwimmen, sind in Ordnung. Diese mit dem Schaumlöffel herausfischen und in einen Topf füllen. Mit dem Zucker mischen und 2 Std. lang Saft ziehen lassen.

2 | Die Birnen schälen, vierteln, vom Kerngehäuse befreien und quer in schmale Scheiben schneiden.

3 | Birnen mit Gewürznelken und eventuell dem Birnengeist zu den Preiselbeeren geben und bei starker Hitze unter Rühren zum Kochen bringen. Alles offen bei mittlerer Hitze 15 Min. kochen lassen, bis die Masse dickflüssig ist. Dabei immer mal wieder durchrühren.

4 | Die Gelierprobe machen. Die Konfitüre in heiß ausgespülte Gläser mit Twist-Off-Deckeln füllen und sofort verschließen.

im Bild oben: **Preiselbeerkonfitüre** *im Bild unten:* **Heidelbeerkonfitüre**

Äpfel, Birnen, Quitten

Äpfel gibt es fast immer. Und ein knackiger Apfel am Tag soll angeblich den Arzt arbeitslos machen. Ob das auch mit Gelee und Konfitüre gelingt? Schaden kann beides aber bestimmt nicht. Doch nicht nur Äpfel, sondern auch Birnen und Quitten sind für süße Aufstriche ideal und schmecken schön fruchtig.

Blitzrezepte

Apfelsaftgelee mit Minze

FÜR 2 GLÄSER (JE ETWA 1/4 L INHALT)

- **350 ml naturtrüber Apfelsaft | 2 EL Calvados (nach Belieben) | 150 g Gelierzucker (2 Teile Frucht, 1 Teil Zucker) ein paar Zweige frische Minze**

1 | Den Apfelsaft nach Belieben mit Calvados und Gelierzucker in einem Topf mischen und unter Rühren bei starker Hitze zum Kochen bringen.

2 | Die Minze in feine Streifen schneiden. Apfelsaft unter Rühren 4 Min. kochen lassen. Die Gelierprobe machen.

3 | Die Minze untermischen, alles aufkochen lassen. Das Gelee sofort in heiß ausgespülte Gläser mit Twist-Off-Deckeln füllen und sofort verschließen.

Birnensaftgelee mit Mohn

FÜR 2 GLÄSER (JE ETWA 1/4 L INHALT)

- **2 EL Mohnsamen | 50 ml Williams Birnengeist (ersatzweise Birnensaft) 350 ml naturtrüber Birnensaft | 150 g Gelierzucker (2 Teile Frucht, 1 Teil Zucker)**

1 | Den Mohn im Blitzhacker mahlen. Mit 50 ml Wasser und Birnengeist zum Kochen bringen. Auf der abgeschalteten Kochfläche zugedeckt quellen lassen.

2 | Den Birnensaft mit Gelierzucker bei starker Hitze zum Kochen bringen. Den Mohn untermischen, bei mittlerer Hitze 4 Min. kochen lassen, bis alles geliert.

3 | Die Gelierprobe machen. Das Gelee sofort in Gläser füllen und verschließen.

Gelingt leicht | Schnell

Roh gerührte Birnenkonfitüre mit Datteln

FÜR 2 GLÄSER
(JE ETWA 1/4 L INHALT)

➤ **200 g getrocknete Datteln**
3 saftige Birnen (ca. 350 g)
1 unbehandelte Zitrone
2 EL Honig oder Birnendicksaft

Zubereitung: 20 Min.
Haltbarkeit: 4 Wochen
➤ Pro Glas etwa: 420 kcal

1 | Die Datteln entsteinen und in kleine Würfel schneiden. Die Birnen schälen, vierteln, vom Kerngehäuse befreien und ebenfalls würfeln.

2 | Die Zitrone heiß waschen und abtrocknen. Die Schale fein abreiben und den Saft auspressen.

3 | Datteln und Birnen mit Zitronensaft und -schale im Mixer zu einer streichfähigen Paste mixen. Mit Honig oder Dicksaft nach Geschmack zusätzlich süßen.

4 | Die Konfitüre in heiß ausgespülte Gläser mit Twist-Off-Deckeln füllen und sofort verschließen.

TIPP
Wegen der kurzen Haltbarkeit sollten Sie nur kleine Mengen wie diese zubereiten und schnell verbrauchen.

Für Gäste | Aromatisch

Birnen-Rotwein-Konfitüre

FÜR 6 GLÄSER
(JE ETWA 1/4 L INHALT)

➤ **900 g saftige Birnen**
1 große Zitrone
500 g Gelierzucker (2 Teile Frucht, 1 Teil Zucker)
1/4 l trockener Rotwein
je 1 kräftige Prise Zimt, Nelken und Piment, gemahlen

Vorbereitung: 30 Min.
Ruhen: über Nacht
Zubereitung: 10 Min.
Haltbarkeit: 1 Jahr
➤ Pro Glas etwa: 440 kcal

1 | Die Birnen schälen, vierteln, vom Kerngehäuse befreien und sehr klein würfeln. Den Saft der Zitrone auspressen, mit Birnen und Zucker mischen und über Nacht Saft ziehen lassen.

2 | Am nächsten Tag den Wein dazugießen. Zimt, Nelken und Piment untermischen. Alles bei starker Hitze unter Rühren zum Kochen bringen, bei mittlerer Hitze 4 Min. kochen lassen.

3 | Die Gelierprobe machen. Die Konfitüre in heiß ausgespülte Gläser mit Twist-Off-Deckeln füllen und sofort verschließen.

im Bild oben: Roh gerührte Birnenkonfitüre mit Datteln *im Bild unten:* Birnen-Rotwein-Konfitüre ➤

Klassiker | Für Gourmets

Quittengelee

FÜR 6 GLÄSER
(JE ETWA 1/4 L INHALT)

➤ **2 kg Quitten**
2 unbehandelte Zitronen
500 g Gelierzucker (2 Teile Frucht, 1 Teil Zucker)

Vorbereitung: 55 Min.
Ruhen: über Nacht
Zubereitung: 25 Min.
Haltbarkeit: 1 Jahr
➤ Pro Glas etwa: 455 kcal

1 | Die Quitten mit einem feuchten Tuch abreiben, um den Flaum zu entfernen. Die Quitten mit den Kerngehäusen in Stücke schneiden und in einen Topf legen. Die Zitronen heiß waschen und die Schale spiralförmig abschneiden. Mit 1 l Wasser zu den Quitten geben und zum Kochen bringen.

2 | Die Quitten bei schwacher Hitze zugedeckt 45 Min. musig kochen lassen.

3 | Ein Sieb mit einem sauberen Tuch auskleiden und über eine Schüssel hängen. Die Quittenmasse hineinfüllen und den Saft über Nacht abtropfen lassen. Am nächsten Tag das Tuch zusammendrehen; nicht zu fest, sonst wird das Gelee trüb.

4 | Den Saft der Zitronen auspressen. Mit dem Quittensaft mischen und mit Wasser auf 1 l auffüllen. Den Gelierzucker untermischen und alles zum Kochen bringen. Bei mittlerer Hitze 4 Min. kochen lassen.

5 | Die Gelierprobe machen. In heiß ausgespülte Gläser füllen und verschließen.

Klassiker auf neue Art

Quittenmus

FÜR 6 GLÄSER
(JE ETWA 1/4 L INHALT)

➤ **2 kg Quitten**
1 Zitrone
je 1 Prise Zimt und Nelken, gemahlen
400 g Gelierzucker (2 Teile Frucht, 1 Teil Zucker)

Vorbereitung: 20 Min.
Zubereitung: 2 Std.
Haltbarkeit: 6 Monate
➤ Pro Glas etwa: 390 kcal

1 | Die Quitten mit einem feuchten Tuch abreiben, um den Flaum zu entfernen. Die Quitten vierteln, schälen und von den Kerngehäusen befreien. Einige Kerne herauslösen und in ein kleines Tuch binden.

2 | Mit 300 ml Wasser zu den Quitten geben und erhitzen. Die Quitten bei schwacher Hitze zugedeckt 1 1/2 Std. garen, bis sie schön weich sind. Zwischendurch vorsichtig umrühren, damit nichts anbrennt.

3 | Das Tuch mit den Kernen aus dem Topf fischen. Den Saft der Zitrone auspressen. Die Quitten mit dem Pürierstab pürieren. Zitronensaft, Zimt, Gewürznelken und Gelierzucker zum Mus geben und alles 4 Min. kochen lassen.

4 | Die Gelierprobe machen. Das Quittenmus in heiß ausgespülte Gläser mit Twist-Off-Deckeln füllen und sofort verschließen.

im Bild oben: Quittenmus *im Bild unten:* Quittengelee ➤

Preiswert | Klassiker auf neue Art

Apfelgelee mit Limettenschale

FÜR 6 GLÄSER
(JE ETWA 1/4 L INHALT)

- **2 kg säuerliche Äpfel**
- **3 Limetten**
- **450 g Gelierzucker (2 Teile Frucht, 1 Teil Zucker)**

Vorbereitung: 20 Min.
Ruhen: über Nacht
Zubereitung: 25 Min.
Haltbarkeit: 1 Jahr
Pro Glas etwa: 470 kcal

1 | Die Äpfel waschen, trockenreiben und mit dem Kerngehäuse in Achtel schneiden.

2 | Die Äpfel mit 1 l Wasser zum Kochen bringen. Zugedeckt bei schwacher Hitze 20 Min. garen, bis die Äpfel wie Mus sind.

3 | Ein Sieb mit einem Tuch auskleiden und über eine Schüssel hängen. Die Apfelmasse darin über Nacht abtropfen lassen. Am nächsten Tag das Tuch zusammendrehen; nicht zu fest.

4 | Limetten heiß waschen und abtrocknen. Die Schale dünn abschneiden und in Streifen schneiden, den Saft auspressen. Apfel- und Limettensaft mischen und mit Wasser auf 1 l auffüllen.

5 | Saft und Limettenschale mit Gelierzucker mischen und unter Rühren bei starker Hitze zum Kochen bringen. Den Saft unter Rühren 4 Min. kochen lassen.

6 | Die Gelierprobe machen. Das Gelee in heiß ausgespülte Gläser mit Twist-Off-Deckeln füllen und sofort verschließen.

Gelingt leicht

Apfel-Zwetschgen-Marmelade

FÜR 6 GLÄSER
(JE ETWA 1/4 L INHALT)

- **600 g säuerliche Äpfel**
- **400 g Zwetschgen**
- **1 große Zitrone**
- **500 g Gelierzucker (2 Teile Frucht, 1 Teil Zucker)**
- **1/8 l Cidre (ersatzweise naturtrüber Apfelsaft)**
- **2 EL Ahornsirup**

Vorbereitung: 20 Min.
Ruhen: über Nacht
Zubereitung: 10 Min.
Haltbarkeit: 1 Jahr
Pro Glas etwa: 440 kcal

1 | Die Äpfel schälen, vierteln, vom Kerngehäuse befreien und sehr klein würfeln. Die Zwetschgen waschen, entsteinen und ebenfalls klein schneiden. Den Saft der Zitrone auspressen. Die Früchte mit Zitronensaft und Gelierzucker mischen und über Nacht Saft ziehen lassen.

2 | Am nächsten Tag den Cidre und den Ahornsirup dazugeben. Alles bei starker Hitze zum Kochen bringen, bei mittlerer Hitze 4 Min. kochen lassen.

3 | Die Gelierprobe machen. Die Konfitüre in heiß ausgespülte Gläser mit Twist-Off-Deckeln füllen und sofort verschließen.

im Bild oben: Apfelgelee mit Limettenschale *im Bild unten:* Apfel-Zwetschgen-Marmelade ➤

Für Festtage | Für Gäste

Apfel-Birnen-Marmelade mit Estragon

FÜR 6 GLÄSER
(JE ETWA 1/4 L INHALT)

- **500 g saftige Birnen**
- **500 g säuerliche Äpfel**
- **1 große Zitrone**
- **500 g Gelierzucker (2 Teile Frucht, 1 Teil Zucker)**
- **2 Zweige frischer Estragon**

Vorbereitung: 20 Min.
Ruhen: über Nacht
Zubereitung: 10 Min.
Haltbarkeit: 1 Jahr
Pro Glas etwa: 420 kcal

1 | Die Birnen und Äpfel schälen, vierteln, vom Kerngehäuse befreien und sehr klein würfeln. Den Saft der Zitrone auspressen. Die Früchte mit Zitronensaft und Gelierzucker mischen und über Nacht Saft ziehen lassen.

2 | Am nächsten Tag den Estragon waschen, trockenschütteln, die Blättchen fein hacken und zur Apfel-Birnen-Mischung geben. Alles bei starker Hitze unter Rühren zum Kochen bringen, dann bei mittlerer Hitze 4 Min. kochen lassen.

3 | Die Gelierprobe machen. Die Konfitüre in heiß ausgespülte Gläser mit Twist-Off-Deckeln füllen und sofort verschließen.

Preiswert | Aromatisch

Birnenkraut

FÜR 2 GLÄSER
(JE ETWA 200 ML INHALT)

- **2,5 kg Birnen**
- **1/2 l naturtrüber Apfelsaft**
- **je 1 Prise Zimt und Kardamom, gemahlen**

Vorbereitung: 15 Min.
Zubereitung: 2 1/2 Std.
Haltbarkeit: 3 Monate
Pro Glas etwa: 560 kcal

1 | Die Birnen waschen und abtrocknen, alle schlechten Stellen entfernen. Die Birnen mit den Kerngehäusen in Stücke schneiden.

2 | Die Birnenstücke mit Apfelsaft, Zimt und Kardamom in einem Topf mischen und zum Kochen bringen. Offen bei schwacher Hitze 1 Std. köcheln lassen, bis sie musig geworden sind. Dabei immer mal wieder durchrühren.

3 | Ein Sieb mit einem frischen Tuch auskleiden und über eine Schüssel hängen, die Birnenmasse hineingeben und über Nacht abtropfen lassen. Dann sehr gut ausdrücken.

4 | Den Birnensaft in einen Topf gießen. Den Saft zum Kochen bringen und offen bei mittlerer Hitze in 1 1/2 Std. einkochen lassen, bis er dickflüssig ist. Es bleibt nur etwa ein Drittel übrig.

5 | Das Birnenkraut in heiß ausgespülte Gläser mit Twist-Off-Deckeln füllen und sofort verschließen.

im Bild oben: **Apfel-Birnen-Marmelade mit Estragon** *im Bild unten:* **Birnenkraut** ➤

Aprikosen & Co.

Prall und saftig, wunderbar gelb, rot oder sogar violett – Aprikosen, Zwetschgen und Kirschen laden zum Genießen ein. Sonnengereift schmecken sie äußerst aromatisch. Ob als Konfitüre oder als Mus, ob lange gekocht oder kurz roh gerührt, lassen Sie sich von diesen Köstlichkeiten verführen!

Blitzrezepte

Rohe Aprikosen-konfitüre

FÜR 1 GLAS (ETWA 300 ML INHALT)

➤ **250 g frische vollreife Aprikosen**
1/2 EL Zitronensaft | 75 g fester Honig

1 | Die Aprikosen waschen, abtrocknen, halbieren, entsteinen und in Würfel schneiden.

2 | Die Aprikosen mit Zitronensaft im Mixer fein pürieren. Den Honig in Stücken dazugeben und untermixen.

3 | In ein sauberes Glas füllen, verschließen und im Kühlschrank höchstens 14 Tage aufbewahren.

Einfache Aprikosen-konfitüre

FÜR 6 GLÄSER (JE ETWA 1/4 L INHALT)

➤ **100 g getrocknete Soft-Aprikosen**
1,1 kg vollreife Aprikosen | Saft von 1 großen Zitrone | 500 g Gelierzucker (2 Teile Frucht, 1 Teil Zucker)

1 | Getrocknete Aprikosen sehr klein würfeln. Frische Aprikosen waschen, entsteinen und ebenfalls klein schneiden. Beide mit Zitronensaft und Gelierzucker mischen und kurz Saft ziehen lassen.

2 | Alles bei starker Hitze unter Rühren zum Kochen bringen und bei mittlerer Hitze 4 Min. kochen lassen. Die Gelierprobe machen. In heiß ausgespülte Gläser füllen und veschließen. Kühl aufbewahrt hält sie sich 1 Jahr.

Zum Verschenken | Macht was her

Kirschkonfitüre mit Sherry

FÜR 4 GLÄSER
(JE ETWA 1/4 L INHALT)

- **1 kg Kirschen (am besten Sauerkirschen)**
  1 Vanilleschote
  500 g Gelierzucker (2 Teile Frucht, 1 Teil Zucker)
  100 ml trockener Sherry

Vorbereitung: 30 Min.
Ruhen: 3 Std.
Zubereitung: 15 Min.
Haltbarkeit: 1 Jahr
Pro Glas etwa: 660 kcal

1 | Die Kirschen waschen, entstielen, entsteinen und in einen Topf geben. Die Vanilleschote der Länge nach aufschlitzen. Das Mark mit einem Messer herauskratzen, mit der Schote zu den Kirschen geben. Den Gelierzucker untermischen und die Kirschen 2–3 Std. oder über Nacht Saft ziehen lassen.

2 | Die Kirschen mit dem Kartoffelstampfer grob zerstampfen. Sherry dazugießen und alles bei starker Hitze unter Rühren zum Kochen bringen. Die Konfitüre bei mittlerer Hitze 4 Min. kochen lassen.

3 | Die Gelierprobe machen. Die Vanilleschote aus der Konfitüre fischen. Die Konfitüre in heiß ausgespülte Gläser mit Twist-Off-Deckeln füllen und verschließen.

Fruchtig | Für Festtage

Kirsch-Himbeer-Konfitüre

FÜR 6 GLÄSER
(JE ETWA 1/4 L INHALT)

- **600 g Kirschen**
  500 g Himbeeren
  500 g Gelierzucker (2 Teile Frucht, 1 Teil Zucker)
  2 EL Zitronensaft
  2 EL Kirschwasser (nach Belieben)

Vorbereitung: 30 Min.
Ruhen: 3 Std.
Zubereitung: 15 Min.
Haltbarkeit: 1 Jahr
Pro Glas etwa: 410 kcal

1 | Die Kirschen waschen, entstielen, entsteinen und im Mixer fein zerkleinern. Die Himbeeren nicht waschen, sondern nur verlesen, also alle welken Beeren, Blätter und Verschmutzungen aussortieren. Das Kirschpüree und die Himbeeren mit dem Gelierzucker mischen und 2–3 Std. oder über Nacht Saft ziehen lassen.

2 | Zitronensaft und eventuell das Kirschwasser dazugeben und alles bei starker Hitze unter Rühren zum Kochen bringen. Die Konfitüre bei mittlerer Hitze 4 Min. kochen lassen.

3 | Die Gelierprobe machen. Die Konfitüre in heiß ausgespülte Gläser mit Twist-Off-Deckeln füllen und sofort verschließen.

◄ *im Bild oben:* **Kirsch-Himbeer-Konfitüre** *im Bild unten:* **Kirschkonfitüre mit Sherry**

Aromatisch | Klassiker auf neue Art

Zwetschgenmus

FÜR 4 GLÄSER
(JE ETWA 1/4 L INHALT)

- **2 kg reife Zwetschgen**
- **150 g Zucker**
- **4 EL Zwetschgenwasser (nach Belieben)**
- **je 1 Prise Zimt und schwarzer Pfeffer**

Vorbereitung: 30 Min.
Zubereitung: 2 1/2 Std.
Haltbarkeit: 3 Monate
Pro Glas etwa: 385 kcal

1 | Die Zwetschgen waschen, halbieren und entsteinen.

2 | Die Zwetschgen in einem Topf zum Kochen bringen. Dann zugedeckt bei schwacher Hitze 2 Std. garen, bis sie sehr weich sind. Dabei immer mal wieder durchrühren, damit nichts anbrennt.

3 | Die Zwetschgen mit dem Pürierstab glatt pürieren. Zucker und Zwetschgenwasser, Zimt und Pfeffer dazugeben und offen 30 Min. garen, bis die Masse dickflüssig ist.

4 | Das Zwetschgenmus in heiß ausgespülte Gläser mit Twist-Off-Deckeln füllen und sofort verschließen.

Schmeckt Kindern | Macht was her

Zwetschgen-Schoko-Konfitüre

FÜR 5 GLÄSER
(JE ETWA 1/4 L INHALT)

- **1,2 kg Zwetschgen**
- **500 g Gelierzucker (2 Teile Frucht, 1 Teil Zucker)**
- **1 unbehandelte Orange**
- **100 g Zartbitter-Schokolade**

Vorbereitung: 30 Min.
Ruhen: über Nacht
Zubereitung: 15 Min.
Haltbarkeit: 3 Monate
Pro Glas etwa: 615 kcal

1 | Die Zwetschgen waschen, halbieren, entsteinen und in sehr kleine Würfel schneiden. Mit dem Gelierzucker gut mischen. Über Nacht Saft ziehen lassen.

2 | Am nächsten Tag die Orange heiß waschen und abtrocknen. Die Hälfte der Schale dünn abschneiden und in feine Streifen schneiden oder hacken, den Saft auspressen. Die Schokolade in kleine Stücke schneiden.

3 | Orangensaft und -schale zu den Zwetschgen geben und alles bei starker Hitze unter Rühren zum Kochen bringen. Die Konfitüre bei mittlerer Hitze 4 Min. kochen lassen. Dabei immer mal wieder durchrühren.

4 | Die Gelierprobe machen. Die Konfitüre 5 Min. abkühlen lassen. Die Schokostückchen unter die Konfitüre mischen und die Konfitüre in heiß ausgespülte Gläser mit Twist-Off-Deckeln füllen. Die Gläser sofort verschließen.

Variante: Sehr gut schmeckt die Konfitüre auch, wenn Sie mit der Schokolade 1–2 EL Orangenlikör untermischen.

im Bild oben: **Zwetschgen-Schoko-Konfitüre** *im Bild unten:* **Zwetschgenmus**

Erfrischend | Exotisch

Nektarinen-Safran-Konfitüre

FÜR 6 GLÄSER
(JE ETWA 1/4 L INHALT)

- **1 kg Nektarinen (ca. 6 Stück, geputzt ca. 900 g)**
- **500 g Gelierzucker (2 Teile Frucht, 1 Teil Zucker)**
- **1 unbehandelte Zitrone**
- **150 g Kumquats**
- **1 Döschen gemahlener Safran**

Vorbereitung: 30 Min.
Ruhen: über Nacht
Zubereitung: 10 Min.
Haltbarkeit: 1 Jahr
Pro Glas etwa: 425 kcal

1 | Die Nektarinen waschen, halbieren, entsteinen und klein würfeln. Mit dem Gelierzucker mischen und über Nacht Saft ziehen lassen.

2 | Am nächsten Tag die Zitrone heiß waschen und abtrocknen. Die Schale fein abreiben, den Saft auspressen. Die Kumquats waschen und mit der Schale in Scheiben schneiden, die Kerne entfernen, die Enden wegwerfen.

3 | Zitronensaft und -schale, Kumquats und Safran zu den Nektarinen geben, bei starker Hitze unter Rühren zum Kochen bringen. Bei mittlerer Hitze 4 Min. kochen lassen.

4 | Die Gelierprobe machen. Die Konfitüre in heiß ausgespülte Gläser mit Twist-Off-Deckeln füllen und sofort verschließen.

Zum Verschenken | Für Gäste

Pfirsich-Zitronen-Konfitüre

FÜR 6 GLÄSER
(JE ETWA 1/4 L INHALT)

- **1,2 kg Pfirsiche (etwa 10 Stück, geputzt knapp 1 kg)**
- **500 g Gelierzucker (2 Teile Frucht, 1 Teil Zucker)**
- **2 unbehandelte Zitronen**
- **2 EL Limoncello (Zitronenlikör; nach Belieben)**

Vorbereitung: 25 Min.
Ruhen: über Nacht
Zubereitung: 10 Min.
Haltbarkeit: 1 Jahr
Pro Glas etwa: 410 kcal

1 | Die Pfirsiche waschen und häuten. Bei ganz reifen lässt sich die Haut problemlos abziehen, andere kurz überbrühen, abschrecken und häuten. Die Pfirsiche halbieren, entsteinen und in kleine Würfel schneiden. Mit dem Zucker mischen und über Nacht Saft ziehen lassen.

2 | Am nächsten Tag die Zitronen heiß waschen und abtrocknen, die Schale fein abreiben. 1 Zitrone so schälen, dass auch die weiße Haut mit entfernt wird. Das Zitronenfleisch aus den Trennwänden herauslösen und klein schneiden. Dabei alle Kerne aussortieren.

3 | Zitronenfleisch und die -schale sowie eventuell den Limoncello zu den Pfirsichen geben und alles verrühren. Die Mischung bei starker Hitze unter Rühren zum Kochen bringen. Dann bei mittlerer Hitze 4 Min. kochen lassen.

4 | Die Gelierprobe machen. Die Konfitüre in heiß ausgespülte Gläser mit Twist-Off-Deckeln füllen und sofort verschließen.

im Bild oben: **Pfirsich-Zitronen-Konfitüre** *im Bild unten:* **Nektarinen-Safran-Konfitüre**

Gelingt leicht | Für Festtage

Reineclauden-konfitüre

FÜR 6 GLÄSER
(JE ETWA 1/4 L INHALT)

➤ **1,2 kg Reineclauden**
500 g Gelierzucker (2 Teile Frucht, 1 Teil Zucker)
3 EL Zitronensaft

Vorbereitung: 20 Min.
Ruhen: über Nacht
Zubereitung: 10 Min.
Haltbarkeit: 1 Jahr
➤ Pro Glas etwa: 430 kcal

1 | Die Reineclauden waschen, halbieren, entsteinen und in kleine Stücke schneiden. Mit dem Gelierzucker mischen und über Nacht Saft ziehen lassen.

2 | Am nächsten Tag mit dem Zitronensaft mischen und bei starker Hitze unter Rühren zum Kochen bringen. Bei mittlerer Hitze 4 Min. kochen lassen, dabei immer mal wieder umrühren.

3 | Die Gelierprobe machen. Die Konfitüre in heiß ausge spülte Gläser mit Twist-Off-Deckeln füllen und sofort verschließen. Die Konfitüre kühl aufbewahren.

Fruchtig | Gelingt leicht

Vier-Frucht-Konfitüre

FÜR 6 GLÄSER
(JE ETWA 1/4 L INHALT)

➤ **3 Pfirsiche (ca. 300 g)**
4 Kiwis (ca. 340 g)
1 Banane (ca. 180 g)
4 frische Feigen (ca. 200 g)
1 Limette
1 unbehandelte Orange
500 g Gelierzucker (2 Teile Frucht, 1 Teil Zucker)

Vorbereitung: 20 Min.
Ruhen: über Nacht
Zubereitung: 10 Min.
Haltbarkeit: 1 Jahr
➤ Pro Glas etwa: 420 kcal

1 | Die Pfirsiche waschen oder häuten, halbieren und entsteinen. Die Kiwis schälen, halbieren und den harten Strunk am Stielansatz abschneiden. Die Banane schälen. Die Feigen waschen, vom Stielansatz befreien, vierteln und nur dann schälen, wenn die Schale sehr dick ist.

2 | Alle Früchte in kleine Stücke schneiden. Die Früchte sollten zusammen etwa 900 g wiegen. Die Limette und Orange heiß waschen und abtrocknen. Die Schale dünn abschneiden und fein hacken. Mit den Früchten und dem Gelierzucker mischen und über Nacht Saft ziehen lassen.

3 | Am nächsten Tag den Saft von Limette und Orange auspressen, unter die Fruchtmischung mengen. Alles bei starker Hitze unter Rühren zum Kochen bringen. Bei mittlerer Hitze 4 Min. kochen lassen. Dabei immer mal wieder umrühren.

4 | Die Gelierprobe machen. Die Konfitüre in heiß ausgespülte Gläser mit Twist-Off-Deckeln füllen und sofort verschließen. Die Konfitüre kühl aufbewahren.

im Bild oben: **Reineclaudenkonfitüre** *im Bild unten:* **Vier-Frucht-Konfitüre** ➤

Exoten & Zitrusfrüchte

Sie lieben auch im Winter frische Marmelade und mögen es exotisch? Sie wollen Freunde mit einer Kleinigkeit überraschen, die sie nicht jeden Tag bekommen können? Dann sind Sie in diesem Kapitel goldrichtig. Auf den folgenden Seiten finden Sie außergewöhnliche Anregungen für selbst gemachte Mitbringsel.

Blitzrezepte

Bananen-Zitronen-Konfitüre

FÜR 4 GLÄSER (JE ETWA 1/4 L INHALT)

➤ **3 große Zitronen | 1,5 kg Bananen 500 g Gelierzucker (2 Teile Frucht, 1 Teil Zucker)**

1 | Den Saft der Zitronen auspressen; es sollten 100 ml sein. Die Bananen schälen und fein zerdrücken. Beides mit Gelierzucker mischen und stehen lassen, bis sich der Zucker gelöst hat.

2 | Die Masse unter Rühren zum Kochen bringen. Alles bei mittlerer Hitze unter Rühren 4 Min. kochen lassen.

3 | Die Gelierprobe machen. Die Konfitüre in heiß ausgespülte Gläser mit Twist-Off-Deckeln füllen und sofort verschließen. Kühl aufbewahrt hält sie sich 1 Jahr.

Rohe Ananaskonfitüre

FÜR 2 GLÄSER (JE ETWA 1/4 L INHALT)

➤ **1 mittelgroße Ananas (ungeputzt etwa 1,2 kg, geputzt ca. 500 g) | 2 EL Zitronensaft | 200 g Zucker | 6 g pflanzliches Bindemittel (aus dem Reformhaus)**

1 | Die Ananas schälen, dabei von den Augen befreien und ohne den harten Kern in der Mitte würfeln.

2 | Die Ananas im Mixer fein zerkleinern. Mit Zitronensaft, Zucker und Bindemittel 10 Min. kräftig durchmixen.

3 | Die Konfitüre in heiß ausgespülte Gläser mit Twist-Off-Deckeln füllen und sofort verschließen. Im Kühlschrank etwa 4 Wochen aufbewahren.

Macht was her | Exotisch

Mangokonfitüre mit Kardamom

FÜR 6 GLÄSER
(JE ETWA 1/4 L INHALT)

- **4 reife Mangos (ungeputzt etwa 1,4 kg, geputzt 1 kg)**
  1 unbehandelte Zitrone
  1 unbehandelte Orange
  4 grüne Kardamomkapseln (Asienladen)
  500 g Gelierzucker (2 Teile Frucht, 1 Teil Zucker)
  1 kleines Stück kandierter Ingwer (nach Belieben)

Vorbereitung: 15 Min.
Ruhen: 2 Std.
Zubereitung: 15 Min.
Haltbarkeit: 1 Jahr
- Pro Glas etwa: 440 kcal

1 | Die Mangos schälen. Das Fruchtfleisch in Schnitzen von den Steinen abschneiden, klein würfeln. Zitrone und Orange heiß waschen und abtrocknen. Je 1 Stück Schale dünn abschneiden und fein hacken. Den Saft der Zitrone und Orange auspressen.

2 | Mangowürfel mit dem Saft, den Kardamomkapseln (vorher anritzen) und dem Gelierzucker in einem Topf mischen und 1–2 Std. Saft ziehen lassen. Dabei immer mal wieder umrühren.

3 | Eventuell den Ingwer in Streifen schneiden. Zitrusschalen und nach Belieben den Ingwer hineinrühren. Die Masse unter ständigem Rühren bei starker Hitze zum Kochen bringen. Bei mittlerer Hitze 4 Min. kochen lassen.

4 | Die Gelierprobe machen. In heiß ausgespülte Gläser füllen und verschließen.

Für Festtage | Für Gourmets

Melonenkonfitüre mit Lavendelblüten

FÜR 5 GLÄSER
(JE ETWA 1/4 L INHALT)

- **1 Stück Wassermelone (ungeputzt 1,3 kg, geputzt ca. 800 g)**
  1 große Zitrone
  6–8 Lavendelblüten (aus dem Garten)
  500 g Gelierzucker (2 Teile Frucht, 1 Teil Zucker)

Vorbereitung: 30 Min.
Zubereitung: 10 Min.
Haltbarkeit: 1 Jahr
- Pro Glas etwa: 460 kcal

1 | Die Wassermelone schälen und alle Kerne herauslösen. Das Melonenfleisch würfeln, pürieren und in einen Topf füllen. Den Saft der Zitrone auspressen und dazugeben.

2 | Die Hälfte der Lavendelblüten mit dem Zucker zum Melonenfleisch geben und zum Kochen bringen. Die Konfitüre bei mittlerer Hitze 4 Min. kochen.

3 | Die übrigen Lavendelblüten untermischen. Die Konfitüre in heiß ausgespülte Gläser mit Twist-Off-Deckeln füllen und verschließen.

TIPP
Die Gelierprobe bringt bei dieser Konfitüre nicht viel, weil sie länger braucht, um fest zu werden als andere Konfitüren. Lavendel gibt dieser Konfitüre das gewisse Etwas. Am besten eine Lavendelpflanze im Topf kaufen und auf den Balkon oder die Fensterbank stellen.

Für Festtage | Für Gäste

Feigen-Rhabarber-Konfitüre

FÜR 5 GLÄSER
(JE ETWA 1/4 L INHALT)

- **150 g getrocknete ungeschwefelte Feigen**
- **500 g Rhabarber**
- **500 g Zucker**
- **2 EL Zitronensaft**
- **2 EL Rum oder Whisky (nach Belieben)**

Vorbereitung: 20 Min.
Ruhen: über Nacht
Zubereitung: 30 Min.
Haltbarkeit: 1 Jahr
Pro Glas etwa: 495 kcal

1 | Die Feigen waschen und in kleine Stücke schneiden. Den Rhabarber waschen, die Enden abschneiden. Wenn sich dabei Fäden lösen, diese gleich mit abziehen. Die Rhabarberstangen in schmale Scheiben schneiden.

2 | Feigen und Rhabarber mit dem Zucker mischen und über Nacht Saft ziehen lassen.

3 | Die Mischung in einen Topf füllen, Zitronensaft und eventuell Rum oder Whisky dazugeben. Alles zum Kochen bringen und bei mittlerer Hitze 15 Min. kochen lassen, bis die Masse fester wird.

4 | Die Gelierprobe machen. Die Konfitüre in heiß ausgespülte Gläser mit Twist-Off-Deckeln füllen und sofort verschließen.

Macht was her | Zum Verschenken

Feigenkonfitüre mit Kakao

FÜR 4 GLÄSER
(JE ETWA 1/4 L INHALT)

- **1 kg frische Feigen**
- **2 unbehandelte Zitronen**
- **200 g Zucker**
- **2 EL geschälte Mandeln**
- **1 EL ungesüßtes Kakaopulver**

Vorbereitung: 15 Min.
Zubereitung: 30 Min.
Haltbarkeit: 6 Monate
Pro Glas etwa: 395 kcal

1 | Die Feigen waschen und halbieren, dann möglichst klein würfeln. Die Zitronen heiß waschen und abtrocknen. Die Schale von 1 Zitrone dünn abschneiden und in feine Streifen schneiden. Den Saft der Zitronen auspressen.

2 | Die Feigen mit Zitronenschale und -saft sowie mit Zucker in einem Topf unter Rühren langsam zum Kochen bringen. Die Feigen bei schwacher Hitze 25 Min. kochen lassen, bis die Masse musig wird.

3 | Inzwischen die Mandeln fein hacken und in einer Pfanne ohne Fett bei schwacher Hitze goldgelb rösten.

4 | Die Gelierprobe machen. Mandeln und Kakao unter die Feigenkonfitüre rühren und alles in heiß ausgespülte Gläser mit Twist-Off-Deckeln füllen und verschließen.

im Bild oben: **Feigenkonfitüre mit Kakao** *im Bild unten:* **Feigen-Rhabarber-Konfitüre**

Preiswert | Für Gäste

Orangenmarmelade

FÜR 6 GLÄSER
(JE ETWA 1/4 L INHALT)

- 1,5 kg Orangen (die Hälfte mit unbehandelter Schale)
  500 g Gelierzucker (2 Teile Frucht, 1 Teil Zucker)
  4 EL Zitronensaft

Vorbereitung: 15 Min.
Ruhen: über Nacht
Zubereitung: 15 Min.
Haltbarkeit: 1 Jahr
- Pro Glas: 395 kcal

1 | Die unbehandelten Orangen waschen und abtrocknen. Die Schale dünn abschneiden und in Streifen schneiden. Alle Orangen schälen und ohne Kerne klein würfeln.

2 | Fruchtfleisch und Schale mit Gelierzucker mischen und über Nacht ziehen lassen. Zitronensaft dazugeben.

3 | Zum Kochen bringen. Bei mittlerer Hitze 4 Min. kochen lassen. Gelierprobe machen. In heiß ausgespülte Gläser mit Twist-Off-Deckeln füllen und sofort verschließen.

Gelingt leicht | Schnell

Zitrus-Minze-Gelee

FÜR 8 GLÄSER
(JE ETWA 1/4 L INHALT)

- 1 rosa Grapefruit
  4 unbehandelte Orangen
  2 unbehandelte Zitronen
  2 unbehandelte Mandarinen
  1 großes Bund Minze
  1 kg Gelierzucker (1:1)

Vorbereitung: 15 Min.
Zubereitung: 25 Min.
Haltbarkeit: 1 Jahr
- Pro Glas: 535 kcal

1 | Früchte waschen. Je ein Stück unbehandelte Schale fein hacken. Saft auspressen, sieben und mit Wasser auf 1 l auffüllen.

2 | Minze waschen, Blättchen abzupfen, einige beiseite legen, den Rest hacken. Mit Saft, Schale und Gelierzucker verrühren und zum Kochen bringen. Bei mittlerer Hitze 2–4 Min. kochen lassen. Übrige Minze zerzupfen.

3 | Die Gelierprobe machen. Minze untermischen. In heiß ausgespülte Gläser füllen.

Für Gäste | Für Festtage

Granatapfel-Sekt-Gelee

FÜR 3 GLÄSER
(JE ETWA 1/4 L INHALT)

- 6 Granatäpfel
  ca. 1/8 l Sekt
  250 g Gelierzucker (2 Teile Frucht, 1 Teil Zucker)
  1 EL Zitronensaft

Vorbereitung: 30 Min.
Zubereitung: 10 Min.
Haltbarkeit: 1 Jahr
- Pro Glas etwa: 445 kcal

1 | Granatäpfel quer halbieren. Aus 5 Früchten die Kerne herauslösen, durch ein Sieb streichen. Saft auffangen. Aus dem restlichen die Kerne herauspulen. Saft mit Sekt und eventuell Wasser auf 1 l Flüssigkeit auffüllen.

2 | Saft und Kerne mit Gelierzucker und Zitronensaft zum Kochen bringen und 4 Min. kochen lassen.

3 | Die Gelierprobe machen. Das Gelee in heiß ausgespülte Gläser mit Twist-Off-Deckeln füllen und sofort verschließen.

im Bild oben: **Zitrus-Minze-Gelee** *im Bild Mitte:* **Granatapfel-Sekt-Gelee** *im Bild unten :* **Orangenmarmelade**

Fürs Büfett | Für Gäste

Trauben-Feigen-Mus

FÜR 4 GLÄSER
(JE ETWA 200 ML INHALT)

- **500 g frische Feigen**
- **700 g blaue Weintrauben**
- **4 Zweige frischer Thymian**
- **100 g Zucker**
- **100 g Honig**
- **1 EL Zitronensaft**
- **1 TL Apfelpektin**

Vorbereitung: 20 Min.
Zubereitung: 45 Min.
Haltbarkeit: 6 Monate
Pro Glas: 355 kcal

1 | Die Feigen waschen und würfeln. Wenn die Haut sehr fest ist, das Fruchtfleisch dicht an der Haut abschneiden. Die Trauben waschen, von den Stielen zupfen, halbieren und von den Kernen befreien. Den Thymian waschen und trockenschütteln.

2 | Die Trauben mit Zucker, Honig, Zitronensaft und Apfelpektin in einem Topf bei starker Hitze zum Kochen bringen. Den Thymian untermischen und alles bei mittlerer Hitze 25 Min. köcheln lassen, bis sich reichlich Saft gebildet hat.

3 | Die Feigen hinzufügen und alles weitere 20 Min. kochen lassen, bis die Feigen zerfallen sind und das Mus dickflüssig wird. Dabei sehr häufig durchrühren. Thymian aus der Konfitüre fischen.

4 | Die Gelierprobe machen. Die Konfitüre in heiß ausgespülte Gläser mit Twist-Off-Deckeln füllen und sofort verschließen.

Für Festtage | Für Gäste

Trauben-Gelee

FÜR 6 GLÄSER
(JE ETWA 1/4 L INHALT)

- **1 kg weiße Trauben**
- **200 g kleine blaue Trauben**
- **1/4 l trockener Weißwein (z. B. Riesling oder Muscadet)**
- **500 g Gelierzucker (2 Teile Frucht, 1 Teil Zucker)**
- **1 Prise Nelken, gemahlen**

Vorbereitung: 20 Min.
Zubereitung: 30 Min.
Haltbarkeit: 1 Jahr
Pro Glas etwa: 465 kcal

1 | Die Trauben waschen und von den Stielen zupfen. Die weißen Trauben mit dem Wein in einem Topf zum Kochen bringen und zugedeckt bei schwacher Hitze 5 Min. köcheln lassen. Dann im Wein abkühlen lassen.

2 | Ein Sieb mit einem frischen Tuch auslegen und über eine Schüssel hängen. Die Trauben hineingießen und abtropfen lassen. Das Tuch zusammendrehen und darauf drücken, bis kein Saft mehr austritt. Den Saft mit Wasser auf 900 ml auffüllen.

3 | Die blauen Trauben vierteln und eventuell entkernen. Traubensaft mit Trauben, Gelierzucker und Nelken in einem Topf bei starker Hitze unter Rühren zum Kochen bringen. Bei mittlerer Hitze 4 Min. kochen lassen.

4 | Die Gelierprobe machen. Das Gelee in heiß ausgespülte Gläser mit Twist-Off-Deckeln füllen und verschließen. Die Gläser 5 Min. auf den Kopf stellen, damit sich die Früchte gleichmäßig verteilen, umdrehen und abkühlen lassen.

im Bild oben: Trauben-Gelee *im Bild unten:* Trauben-Feigen-Mus ➤

Ganz schön ungewöhnlich

Es müssen nicht immer nur Früchte sein. Auch aus Saft, feinen Gewürzen und sogar aus Gemüse lassen sich die tollsten Brotaufstriche zaubern, wie die folgenden Rezepte beweisen. Probieren Sie Tomatenkonfitüre mit Vanille, Campari-Orangen-Gelee oder zur Abwechslung im Herbst eine Konfitüre aus Kürbis.

Blitzrezepte

Campari-Orangen-Gelee

FÜR 3 GLÄSER (JE ETWA 1/4 L INHALT)

➤ **1/4 l Campari | 1/4 l frisch gepresster Orangensaft | 250 g Gelierzucker (2 Teile Frucht, 1 Teil Zucker)**

1 | Campari und Orangensaft mit Gelierzucker mischen und bei starker Hitze unter Rühren zum Kochen bringen. Bei mittlerer Hitze 4 Min. kochen lassen. Dabei immer mal wieder durchrühren.

2 | Die Gelierprobe machen. Das Gelee in heiß ausgespülte Gläser mit Twist-Off-Deckeln füllen und sofort verschließen. Kühl aufbewahrt hält es sich 1 Jahr.

Ingwer-Zitronengras-Gelee

FÜR 3 GLÄSER (JE ETWA 1/4 L INHALT)

➤ **50 g frischer Ingwer | 2 Stangen Zitronengras | 2 Zitronen | 250 g Gelierzucker (2 Teile Frucht, 1 Teil Zucker)**

1 | Ingwer schälen und in feine Streifen schneiden. Zitronengras waschen, die harten oberen Teile abschneiden, den Rest klein schneiden. Zitronensaft auspressen.

2 | Ingwer, Zitronengras und Zitronensaft mit Wasser auf 1/2 l auffüllen und zum Kochen bringen. Zugedeckt 5 Min. kochen lassen. Den Gelierzucker untermischen und alles bei mittlerer Hitze 4 Min. kochen lassen. Dabei immer wieder durchrühren. Gelierprobe machen. In heiß ausgespülte Gläser füllen und verschließen. Kühl aufbewahrt hält es sich 1 Jahr.

Klassiker | Für Gäste

Lemon curd

FÜR 3 GLÄSER
(JE ETWA 1/4 L INHALT)

➤ **4 unbehandelte Zitronen**
125 g Butter
225 g Zucker
4 ganz frische Eier

Zubereitung: 50 Min.
Haltbarkeit: 3 Monate
➤ Pro Glas etwa: 725 kcal

1 | Die Zitronen heiß waschen und abtrocknen. Die Schale fein abreiben, den Saft auspressen (es sollten sich 100 ml ergeben).

2 | Beides mit Butter und Zucker in einen Topf geben und in einen zweiten größeren Topf mit heißem Wasser hängen. Bei mittlerer Hitze unter Rühren im Wasserbad schmelzen lassen.

3 | Die Eier mit einer Gabel leicht schaumig schlagen und zur Zitronenmischung geben. Alles 25 Min. weitergaren, bis die Masse dicklich wird. Dabei sehr häufig und kräftig durchrühren.

4 | Die Masse in heiß ausgespülte Gläser mit Twist-Off-Deckeln füllen, sofort verschließen und abkühlen lassen. Kühl aufbewahren.

Vitamin-C-reich | Preiswert

Hagebuttengelee

FÜR 5 GLÄSER
(JE ETWA 1/4 L INHALT)

➤ **2 kg Hagebutten (von der Wild- oder Heckenrose gesammelt)**
500 g Gelierzucker (2 Teile Frucht, 1 Teil Zucker)

Vorbereitung: 20 Min.
Ruhen: über Nacht
Zubereitung: 1 1/4 Std.
Haltbarkeit: 1 Jahr
➤ Pro Glas etwa: 665 kcal

1 | Die Hagebutten waschen, von den Stielen befreien und halbieren. Mit 1 1/4 l Wasser in einem Topf zum Kochen bringen und zugedeckt bei mittlerer Hitze 1 Std. kochen lassen.

2 | Ein Sieb mit einem frischen Tuch auslegen und über eine Schüssel hängen. Die Hagebutten hineingeben und über Nacht abtropfen lassen. Dann das Tuch zusammendrehen und die Hagebutten gut ausdrücken.

3 | Den aufgefangenen Saft mit Wasser auf 950 ml auffüllen und mit Gelierzucker in einem Topf zum Kochen bringen. Bei mittlerer Hitze 4 Min. kochen lassen.

4 | Das Gelee in heiß ausgespülte Gläser mit Twist-Off-Deckeln füllen und sofort verschließen.

TIPP

Hagebutten werden ab September reif. Sie können die Früchte an Wegrändern an wilden Rosensträuchern sammeln – bis in den November hinein, bis zum ersten Frost. Die Scheinfrüchte der Rose sind leuchtend rot und enthalten eine Menge Vitamin C in ihrem Fruchtfleisch. Hagebuttengelee geliert langsam, die Gelierprobe entfällt also bei diesem Aufstrich.

◄ *im Bild oben:* **Lemon curd** *im Bild unten:* **Hagebuttengelee**

Für Festtage | Für Gäste

Kastanienkonfitüre

FÜR 5 GLÄSER
(JE ETWA 1/4L INHALT)

- **1 kg Esskastanien**
- **1 Vanilleschote**
- **1 Zimtstange**
- **1 unbehandelte Orange**
- **400 g Gelierzucker (2 Teile Frucht, 1 Teil Zucker)**
- **50 ml brauner Rum**

Vorbereitung: 1 1/2 Std.
Zubereitung: 10 Min.
Haltbarkeit: 6 Monate
➤ Pro Glas etwa: 590 kcal

1 | Kastanien waschen und am spitzen Ende kreuzweise einschneiden. Die Vanilleschote längs aufschlitzen und das Mark herauskratzen. Die Schote mit Zimt und Kastanien von Wasser bedeckt zum Kochen bringen und 30 Min. kochen lassen, bis die Schalen aufplatzen. Kastanien kalt abschrecken. Schalen samt dünnem Häutchen ablösen. Mit 1/4 l Wasser pürieren.

2 | Orange heiß waschen und abtrocknen. Die Schale fein abreiben, den Saft auspressen. Beides mit Gelierzucker und Kastanienpüree unter Rühren bei mittlerer Hitze 4 Min. kochen lassen. Vanillemark und Rum untermischen.

3 | Die Gelierprobe machen. In heiß ausgespülte Gläser mit Twist-Off-Deckeln füllen und sofort verschließen.

TIPP
Kastanien gehören zu den Nüssen und Samen. Sie haben nichts gemeinsam mit der bei uns heimischen Rosskastanie. Die meisten kommen im Herbst aus den Mittelmeerländern zu uns.

Preiswert | Aromatisch

Trockenfruchtkonfitüre

FÜR 6 GLÄSER
(JE ETWA 1/4L INHALT)

- **500 g gemischte Trockenfrüchte (z. B. Zwetschgen, Aprikosen und Feigen)**
- **1 große Zitrone**
- **3/4 l naturtrüber Apfelsaft**
- **1/2 Päckchen Konfigel (aus dem Naturkostladen)**
- **150 g flüssiger Honig**

Vorbereitung: 30 Min.
Ruhen: über Nacht
Zubereitung: 20 Min.
Haltbarkeit: 6 Monate
➤ Pro Glas etwa: 355 kcal

1 | Die Trockenfrüchte in kleine Würfel schneiden. Den Saft der Zitrone auspressen. Die Trockenfrüchte mit dem Apfel- und Zitronensaft mischen und über Nacht einweichen.

2 | Am nächsten Tag in einem Topf zum Kochen bringen und 10 Min. kochen lassen. Fruchtstücke mit dem Kartoffelstampfer leicht zerdrücken. Konfigel mit dem Schneebesen einrühren, dann den Honig dazugeben. Alles 3 Min. bei mittlerer Hitze kochen lassen.

3 | Die Konfitüre in heiß ausgespülte Gläser mit Twist-Off-Deckeln füllen und sofort verschließen.

im Bild oben: Kastanienkonfitüre *im Bild unten:* Trockenfruchtkonfitüre ➤

Macht was her | Für Gäste

Tomaten-Vanille-Konfitüre

FÜR 6 GLÄSER (JE ETWA 1/4 L INHALT)

- **1 kg Tomaten (am besten rot, grün und gelb gemischt)**
- **1 Vanilleschote**
- **500 g Gelierzucker (2 Teile Frucht, 1 Teil Zucker)**

Vorbereitung: 20 Min.
Ruhen: 3 Std.
Zubereitung: 5 Min.
Haltbarkeit: 1 Jahr
Pro Glas etwa: 370 kcal

1 | Die Tomaten waschen, halbieren, vom Stielansatz befreien und in sehr kleine Würfel schneiden. Die Vanilleschote der Länge nach aufschlitzen und das Mark herauskratzen. Mark und Schote mit Tomaten und Gelierzucker mischen und 3 Std. oder über Nacht Saft ziehen lassen.

2 | Die Vanilleschote herausfischen und alles bei starker Hitze unter Rühren zum Kochen bringen. Bei mittlerer Hitze 4 Min. kochen lassen. Dabei immer mal wieder durchrühren.

3 | Die Gelierprobe machen. Die Konfitüre in heiß ausgespülte Gläser mit Twist-Off-Deckeln füllen und sofort verschließen.

Für Gourmets | Gelingt leicht

Kürbis-Kokos-Konfitüre

FÜR 4 GLÄSER (JE ETWA 1/4 L INHALT)

- **1 Stück Kürbis (ungeputzt ca. 800 g, geputzt ca. 650 g)**
- **250 g Kokosmilch**
- **2 Zitronen**
- **50 ml weißer Rum (nach Belieben)**
- **500 g Gelierzucker (2 Teile Frucht, 1 Teil Zucker)**

Vorbereitung: 20 Min.
Zubereitung: 15 Min.
Haltbarkeit: 1 Jahr
Pro Glas etwa: 580 kcal

1 | Den Kürbis schälen und die Kerne mit dem faserigen Fruchtfleisch aus der Mitte herauslösen. Den Kürbis in kleine Stücke schneiden und mit der Kokosmilch in einem Topf bei schwacher Hitze etwa 10 Min. köcheln lassen, bis er weich ist. Dann mit dem Pürierstab fein pürieren. Den Saft der Zitronen auspressen. Zitronensaft, eventuell den Rum und Gelierzucker dazugeben.

2 | Die Masse bei starker Hitze unter Rühren zum Kochen bringen. Bei mittlerer Hitze 4 Min. kochen lassen. Dabei immer mal wieder durchrühren.

3 | Die Gelierprobe machen. Die Konfitüre in heiß ausgespülte Gläser mit Twist-Off-Deckeln füllen und sofort verschließen.

im Bild oben: **Kürbis-Kokos-Konfitüre** *im Bild unten:* **Tomaten-Vanille-Konfitüre** ➤

Obst, Exoten & Zitrusfrüchte

Südfrüchte haben Hochsaison

JANUAR

1. **Zitrusfrüchte:** Haben eine feste bittere Schale mit duftenden ätherischen Ölen, sind ganzjährig im Handel
   Beliebte Sorten: Orangen, Mandarinen, Grapefruit, Zitronen, Limetten
2. **Exotische Früchte:** Stammen aus den Tropen und Subtropen, haben rund ums Jahr Saison
   Beliebte Sorten: Ananas, Bananen, Granatapfel, Kiwis, Mangos

FEBRUAR

1. **Zitrusfrüchte:** Haben eine feste bittere Schale mit duftenden ätherischen Ölen, sind ganzjährig im Handel
   Beliebte Sorten: Orangen, Mandarinen, Grapefruit, Zitronen, Limetten
2. **TK-Früchte:** Konfitüren aus TK-Früchten umgehen die Saison
3. **Fruchtsäfte:** Gelees aus Säften sind möglich

Beginn der Vorsaison

MAI

1. **Rhabarberzeit:** Botanisch gehört Rhabarber zum Gemüse, wird aber wie Obst verarbeitet
2. **Steinobst:** Gehört zur Prunusfamilie
   Typisch für alle Früchte ist ein weiches, saftiges Fruchtfleisch und ein Stein
   Beliebte Sorten: Nachreifende Früchte sind Aprikosen, Pfirsiche, Nektarinen; Kirschen reifen nicht nach
   Nachreifende Früchte: Sie müssen voll entwickelt sein, wenn sie in den Handel kommen

JUNI

1. **Beeren:** Schmecken süßsäuerlich, sind vitamin- und mineralstoffreich, gelten als Weichobst, sind daher sehr empfindlich
   Beliebte Sorten: Erdbeeren, Heidelbeeren, Johannisbeeren, Stachelbeeren
2. **Steinobst:** Gehört zur Prunusfamilie
   Typisch für alle Früchte ist ein weiches, saftiges Fruchtfleisch und ein Stein
   Beliebte Sorten: Nachreifende Früchte wie Aprikosen, Pfirsiche, Nektarinen; Kirschen

Früchte in Hülle und Fülle

SEPTEMBER

1. **Immer noch Beeren:** Brombeeren, Heidelbeeren, Himbeeren, Holunderbeeren zum Selbersammeln, Preiselbeeren
2. **Steinobst:** Pfirsiche, Nektarinen, Zwetschgen
3. **Kernobst:** Äpfel, Birnen, Quitten
4. **Sonstiges:** Feigen, Melonen, Trauben

OKTOBER

1. **Ende der Beerenzeit:** Brombeeren, Preiselbeeren, selbst gesammelte Holunderbeeren sind die letzten für dieses Jahr
2. **Einziges Steinobst:** Zwetschgen
3. **Kernobst:** Äpfel, Birnen, Quitten
4. **Sonstiges:** Feigen, Trauben

Exoten überwiegen

MÄRZ

1. **Zitrusfrüchte:** Haben eine feste bittere Schale mit duftenden ätherischen Ölen, sind ganzjährig im Handel
   Beliebte Sorten: Orangen, Mandarinen, Grapefruit, Zitronen, Limetten
2. **Exotische Früchte:** Stammen aus den Tropen und Subtropen, haben rund ums Jahr Saison
   Beliebte Sorten: Ananas, Bananen, Granatapfel, Kiwis, Mangos

APRIL

1. **Rhabarberzeit:** Botanisch gehört Rhabarber zum Gemüse, wird aber wie Obst verarbeitet
2. **Nichtnachreifende Früchte:** Die ersten Erdbeeren, z. B. aus Italien; reife Früchte für tolle Konfitüren wählen

Start in die Hauptsaison

JULI

1. **Melonen:** Es gibt Sommer- und Wintermelonen
2. **Beeren:** Schmecken süßsäuerlich, sind vitamin- und mineralstoffreich, gelten als Weichobst, sind daher sehr empfindlich
   Beliebte Sorten: Erdbeeren, Heidelbeeren, Himbeeren, Johannisbeeren, Stachelbeeren
3. **Steinobst:** Typisch ein weiches, saftiges Fruchtfleisch und ein Stein
   Beliebte Sorten: Aprikosen, Pfirsiche, Nektarinen, Kirschen

AUGUST

1. **Noch ein paar Beeren:** Brombeeren, Heidelbeeren, Himbeeren, die ersten Preiselbeeren, Stachelbeeren
2. **Steinobst:** Aprikosen, Pfirsiche, Nektarinen, nachreifende Zwetschgen
3. **Kernobst:** Alle Früchte haben einen Stiel und ein festes Kerngehäuse mit kleinen braunen Kernen
   Beliebte Sorten: Äpfel, Birnen
4. **Sonstiges:** Melonen, Feigen, Trauben

Begrenztes Angebot

NOVEMBER

1. **Kernobst:** Äpfel, Birnen, Quitten
2. **Sonstiges:** Feigen, Trauben

DEZEMBER

1. **Zitrusfrüchte:** Haben eine feste bittere Schale mit duftenden ätherischen Ölen
   Beliebte Sorten: Orangen, Mandarinen, Grapefruit, Zitronen, Limetten
2. **Exotische Früchte:** Stammen aus den Tropen und Subtropen, haben rund ums Jahr Saison
   Beliebte Sorten: Ananas, Bananen, Granatapfel, Kiwis, Mangos

Zum Gebrauch

Damit Sie Rezepte mit bestimmten Zutaten noch schneller finden können, stehen in diesem Register zusätzlich auch beliebte Zutaten wie Birnen, Feigen, Kakao – ebenfalls alphabetisch geordnet und **halbfett** gedruckt – über den entsprechenden Rezepten.

Die Autorin

Cornelia Schinharl lebt in der Nähe von München und studierte zunächst Sprachen, bevor sie sich dem Bereich Ernährung zuwandte. Nach der fundierten Ausbildung bei einer bekannten Food-Journalistin und einem Praktikum bei einem großen Hamburger Verlag, machte sie sich 1985 als Redakteurin und Autorin selbstständig. Es sind seither zahlreiche Bücher von ihr erschienen.

Der Fotograf

Kai Mewes ist selbstständiger Food-Fotograf in München und arbeitet für Verlage und Werbung. Die stimmungsvollen Bilder sind Ausdruck seiner Hingabe, Fotografie und kulinarischen Genuss zu vereinen. Für das Foodstyling ist bei ihm Akos Neuberger verantwortlich.

Hinweis

Die Temperaturstufen bei Gasherden variieren von Hersteller zu Hersteller. Welche Stufe Ihres Herdes der jeweils angegebenen Temperatur entspricht, entnehmen Sie bitte der Gebrauchsanweisung.

GRÄFE UND UNZER

Ein Unternehmen der
GANSKE VERLAGSGRUPPE

Bildnachweis

FoodPhotographie Eising, Martina Görlach: Titelfoto
TeubnerFoodfoto: S. 2 oben, S. 5, U4 Mitte
Alle anderen: Kai Mewes, München

Redaktionsleitung: Birgit Rademacker
Redaktion: Tanja Dusy
Lektorat: Redaktionsbüro Maryna Zimdars, München
Layout, Typografie und Umschlaggestaltung: Independent Medien Design, München
Herstellung: Maike Harmeier
Satz: Design-Typo-Print GmbH, Ismaning
Reproduktion: Appl, Wemding
Druck: Appl, Wemding
Bindung: Sellier, Freising

ISBN 3-7742-4882-6

Auflage 5.
Jahr 2006 05 04

Das Original mit Garantie

Ihre Meinung ist uns wichtig. Deshalb möchten wir Ihre Kritik, gerne aber auch Ihr Lob erfahren. Um als führender Ratgeberverlag für Sie noch besser zu werden. Darum: Schreiben Sie uns! Wir freuen uns auf Ihre Post und wünschen Ihnen viel Spaß mit Ihrem GU-Ratgeber.

Unsere Garantie: Sollte ein GU-Ratgeber einmal einen Fehler enthalten, schicken Sie uns das Buch mit einem kleinen Hinweis und der Quittung innerhalb von sechs Monaten nach dem Kauf zurück. Wir tauschen Ihnen den GU-Ratgeber gegen einen anderen zum gleichen oder ähnlichen Thema um.

GRÄFE UND UNZER VERLAG
Redaktion Kochen
Postfach 86 03 25
81630 München
Fax: 089/41981-113
e-mail: leserservice@graefe-und-unzer.de

GU KÜCHENRATGEBER

Neue Rezepte für den großen Kochspaß

ISBN 3-7742-4893-1

ISBN 3-7742-4881-8

ISBN 3-7742-4884-2

ISBN 3-7742-4879-6

ISBN 3-7742-4885-0

ISBN 3-7742-4896-6

Das macht die GU Küchenratgeber zu etwas Besonderem:

- *Rezepte mit maximal 10 Hauptzutaten*
- *Blitzrezepte in jedem Kapitel*
- *alle Rezepte getestet*
- *Geling-Garantie durch die 10 GU-Erfolgstipps*

GU

Gutgemacht. Gutgelaunt.

EINKAUF

- Nur reife Früchte kaufen, am besten dann, wenn sie Saison haben.
- Angefaulte Früchte sind auch zum Einkochen nicht mehr geeignet.
- Früchte möglichst rasch aus der Packung nehmen und bald verarbeiten.

1

Geling-Garantie für Marmeladen und Gelees

VORRAT FÜR DEN WINTER

- Wer im Winter frische Marmelade möchte, nimmt am besten Zitrusfrüchte.
- Oder denkt schon im Sommer weiter und friert sich einen Teil der Lieblingsbeeren ein.
- Zum Einfrieren Beeren immer auf einem Tablett vorfrieren, dann erst in Gefrierbeutel füllen.

4

NICHT NUR AUF DEM BROT

- Konfitüre als kleine Zwischenmahlzeit unter Naturjoghurt mischen.
- Konfitüre dünn auf frisch gebackene Pfannkuchen streichen, aufrollen, reinbeißen.
- Kuchenböden dünn mit Konfitüre bestreichen, dann erst belegen.

7

SCHIMMEL

- Wenig Schimmel einfach großzügig abheben.
- Ist viel Schimmel da, muss das ganze Glas in den Abfall. Die Schimmelsporen sind oft auch dort, wo man sie noch nicht sieht.

8